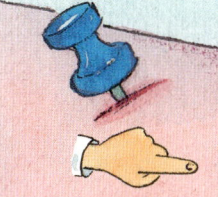

Steckbrief Honigbiene

 Sie lebt in einem Bienenstock.

 Sie ist Teil eines Bienenstaats.

 Sie ist ein Insekt.

 Sie kann fliegen.

 Sie hat einen Stachel.

 Sie hat eine gelbbraune Färbung.

 Sie ist nur tagsüber unterwegs.

 Sie hält Winterruhe.

Sachwissen Natur

Liebe Eltern,

jedes Kind ist anders. Eines kennt bereits alle Buchstaben in der Vorschule und kann sie zu Wörtern formen. Ein anderes lernt das Abc beim Eintritt in die Schule. Für das spätere Leseverhalten ist das völlig unerheblich. Wichtig aber ist der Spaß am Lesen – und zwar von Anfang an. Darum orientiert sich die konzeptionelle Entwicklung unserer Lesetexte an den unterschiedlichen Lernentwicklungen der Kinder.
Unser Bücherbär-Erstleseprogramm umfasst deshalb verschiedene Reihen für die Vorschule und die ersten beiden Schulklassen. Sie bauen aufeinander auf und holen die Kinder dort ab, wo sie sind.

Die Bücherbär-Reihe *Sachwissen Natur* richtet sich an Leseanfänger ab der 1. Klasse. Die übersichtlichen Texteinheiten und kurzen Zeilen sind ideal zum Lesenlernen. Die spannenden Sachthemen wecken die Lust am Entdecken und Selberlesen.

In Zusammenarbeit mit
westermann

Friederun Reichenstetter
So leben die Tiere
Die Honigbiene

Dieses Buch gehört:

_____

MIX
Papier aus verantwor-
tungsvollen Quellen
FSC® C110508

2. Auflage 2018
© Arena Verlag GmbH, Würzburg 2018
Alle Rechte vorbehalten
Einband und Illustrationen: Hans-Günther Döring
Gesamtherstellung: Westermann Druck Zwickau GmbH
ISBN 978-3-401-71181-2

www.arena-verlag.de

Friederun Reichenstetter

So leben die Tiere
Die Honigbiene

Mit Bildern von Hans-Günther Döring

Arena

Inhalt

Wo die Honigbiene zu Hause ist

Die Honigbiene lebt
in einem Bienenstock.
Der kann an Waldrändern,
auf Wiesen oder in Gärten stehen.

In den Bienenstock
hängt der Imker
kleine Rahmen mit Wachsplatten.
Darauf bauen die Honigbienen
ihre Wabenzellen.

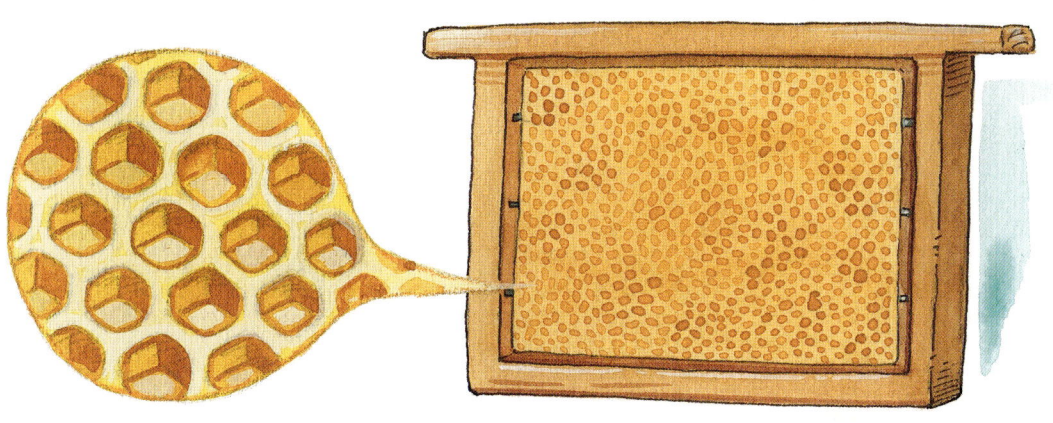

Dank der Wachsplatten
kann der Imker
unseren Honig
aus den Waben schleudern.

Wer im Bienenstock lebt

Im Bienenstock leben
verschiedene Bewohner.
Es gibt eine Königin
und viele Arbeiterinnen.

Während des Frühsommers
leben auch männliche Bienen
im Bienenstock.
Sie werden Drohnen genannt.

Drohne   Arbeiterin

Königin

40.000

In unserem Bienenstock
leben bis zu 40-tausend Bienen.

Die Aufgaben im Bienenstock

Von Frühjahr bis Herbst
legt die Bienenkönigin
Eier in die Wabenzellen.
Nur sie kann Eier legen.

Wir Drohnen paaren uns
mit der Königin.
Das ist unsere einzige Aufgabe.

① Viele Tausend Arbeiterinnen kümmern sich um Eier und Larven.

② Sie bauen Waben aus Wachs.

③ Sie verteidigen den Bienenstock.

④ Sie sammeln Pollen und Nektar.

Der Hochzeitsflug der Königin

Viele Hundert Drohnen
folgen der Königin
bei ihrem Hochzeitsflug.
Dabei paart sie sich
mit einigen von ihnen.
Erst nach der Paarung
kann sie Eier legen.

Damit die Königin
in Ruhe Eier legen kann,
gibt es den Hofstaat der Königin.
Diese Arbeitsbienen
sind nur für die Königin da.
Sie füttern und pflegen sie.

Nachwuchs bei den Bienen

Aus jedem Ei der Bienenkönigin
schlüpft eine Larve.

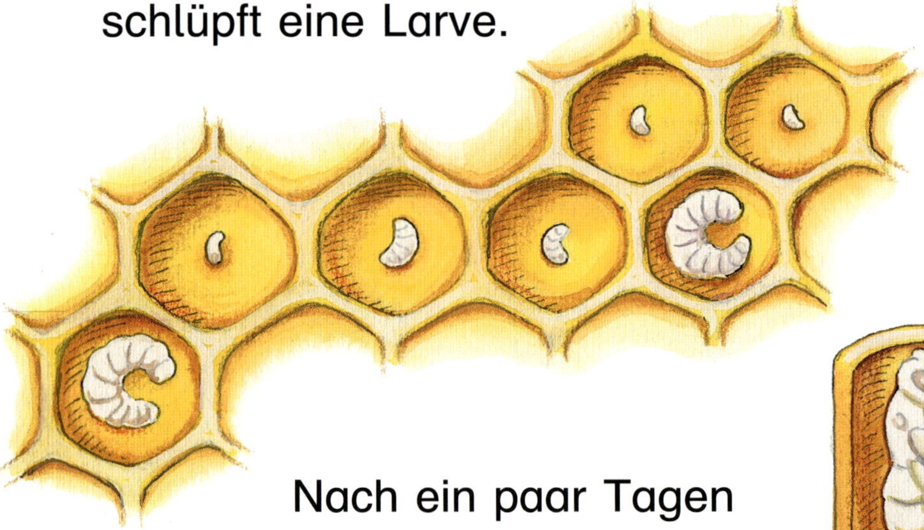

Nach ein paar Tagen
verpuppt sich die Larve.

Die Puppen brauchen Ruhe.
Darum verschließen wir die Zellen
mit einem Wachsdeckel.

BITTE
NICHT STÖREN

Nach 21 Tagen
durchnagt die fertige Biene
den Wachsdeckel der Zelle.

Nach dem Schlüpfen
wird sie gefüttert.
Dann hilft sie sofort mit.

Flügel
Honigblase
Hinterleib
Stachel
Pollenhöschen
Hinterbein
Mittelbein
Vorderbein
Zunge
Mundwerkzeug
Antennen
Facettenauge
Thorax

Die Bienen fliegen aus

Die Bienen suchen Blüten,
aus denen sie den Nektar holen.

Das machen sie mit ihrer Zunge
oder mit ihrem Rüssel.

Den Nektar verstauen sie
in der Honigblase im Körper.

20

An ihren Beinen
bleibt beim Nektarsammeln
Pollen hängen.
Das ist Nahrung
für die Larven.

Beim Sammeln verlieren wir
Pollenkörnchen.
So bestäuben wir die Blüten.

Wie Bienen sich verständigen

Entdeckt eine Biene
Blüten mit viel Nektar
und Pollen,
teilt sie es
den anderen mit.
Sie beschreibt
mit dem Schwänzeltanz
die genaue Richtung.

Dieser Schwänzeltanz
bedeutet:
Fliegt in Richtung Sonne!

So finden auch
andere Arbeiterinnen
den guten Sammelplatz.

Im Stock geben wir
den Nektar weiter.
Die Arbeiterinnen
füttern damit die Larven.
Den Rest füllen sie
in Wabenzellen.
Daraus wird dann der Honig.

Eine Königin verlässt den Bienenstock

Wird ein Bienenvolk zu groß,
braucht es eine neue Königin.
Deshalb bauen die Arbeiterinnen
eine große längliche Wabenzelle.

Die Larve, die darin aufwächst,
füttern sie mit Gelée royale.
Nur mit diesem besonderen Futter
wird aus der Larve eine Königin.

Für die alte Königin ist
nun kein Platz mehr.
Sie verlässt den Bienenstock.
Viele Bienen begleiten sie.

Gelée royale spricht man so aus:
schelee rojal.

Auf der Suche nach einer neuen Heimat

Viele Tausend Bienen
folgen der alten Königin.
Wo sie sich niederlässt,
scharen sich die Bienen
in einer Traube um sie.

Kundschafterinnen suchen
nach einem neuen Zuhause.
Eine große Baumhöhle
wäre nicht schlecht.

Besser ist's, wenn der Imker
uns schnell findet.
Er gibt uns ein neues Zuhause.

27

Pflanzengift

Specht

Gefahren für die Biene

Mit Pflanzengiften
wird Unkraut vernichtet.
Aber blühendes Unkraut ist
eine wichtige Nahrungsquelle
für Bienen und andere Insekten.
Das Gift schadet ihnen.

Hornisse

Honigräuber wie Wespen
und wilde Bienen
bedrohen den Bienenstock.
Darum wird das Flugloch
ständig bewacht.

Wespe

Zur Verteidigung
gegen Honigräuber
setzen wir den Stachel ein.
Doch gegen Pflanzengifte
können wir uns nicht wehren.

Wie der Imker Honig macht

Am Ende des Sommers
blühen immer weniger Pflanzen.
Dann bleiben die Bienen im Stock.
Sie haben genug Honig
als Vorrat für den Winter.

30

Der Imker holt
die gefüllten Honigwaben.
Er entfernt die Wachsschicht
von den Wabenzellen
und stellt sie
in eine Schleuder.
Dort wird der Honig
herausgeschleudert.

Wir bekommen nun Zuckersirup,
den wir statt des Honigs fressen.
Auch der schmeckt uns.

Winterruhe im Bienenstock

Im Winter halten
die Bienen Winterruhe.
Sie bilden
eine Traube um die Königin
und wärmen sich gegenseitig.

Damit es nicht zu kalt wird,
bewegen die äußeren Bienen
ihre Flügel.
Das erzeugt Wärme.

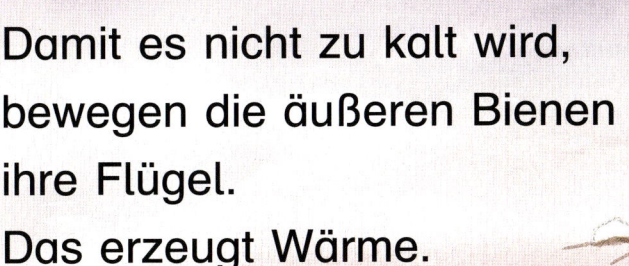

Wird eine von uns
müde vom Flügelschlagen,
übernehmen andere die Arbeit.

33

Du und die Biene

Bienenstiche sind schmerzhaft.
Aber sie sind nur dann gefährlich,
wenn du allergisch darauf bist.

Nimm dich besonders in Acht
vor einem Stich in den Mund.
Ist es aber passiert,
musst du sofort zum Arzt!

Bienen stechen nur,
wenn sie sich angegriffen fühlen
oder ihren Stock verteidigen.
Darum trägt der Imker
meistens Schutzkleidung
in der Nähe des Bienenstocks.

Vorsicht
Bienen

Eine Bienengeschichte

Imker Felix auf Bienenjagd

Wie jeden Morgen
geht Imker Felix
zu seinen Bienenstöcken.
Aus einem davon
dringt aufgeregtes Summen.
Ach du liebe Zeit!, denkt er.
Die Bienen wollen schwärmen.

Kurze Zeit später
verlassen Tausende Bienen
ihren Stock
und erheben sich in die Luft.
Ganz in der Nähe
ihrer alten Heimat
sammeln sie sich an einem Ast.
Wie eine Traube
scharen sie sich um ihre Königin.

„Glück gehabt", murmelt Felix.
Er freut sich,
dass er seine Bienen
nicht lang suchen muss.
Mit einer Schachtel
und einem Besen
steigt er auf einer Leiter
hinauf zu den Bienen.
Schnell streift er sie
vom Ast in die Schachtel.

In einem neuen Bienenstock
hat er schon
Wachsrähmchen eingehängt.
Alle sind nun zufrieden –
die Bienen und auch Imker Felix.

Eine Familie

Honigbienen sind Stechimmen.
Auch Hummeln und Wildbienen
gehören zu dieser Insektenfamilie.

Hummel

Seidenbiene

Honigbiene

Hosenbiene

Mauerbiene

Weißt du die Antworten?

Wo lebt die Honigbiene? Seite 10

Welche Bewohner gibt es im Bienenstock? Seite 12 und 13

Wie bestäuben Bienen Pflanzen? Seite 21

Wie verständigen sich Bienen? Seite 22

Welche Gefahren gibt es für Bienen? Seite 28 und 29

Mein Dank gilt Agnes Bäuerle
für ihre unschätzbare fachliche Hilfe.

Friederun Reichenstetter

studierte Sprachen in München, Straßburg und London.
Danach arbeitete sie für verschiedene internationale
Organisationen im In- und Ausland. Seit vielen Jahren ist sie
freiberufliche Autorin und schreibt Kinder- und Sachbücher.
Sie lebt mit ihrem Mann in München.

Hans-Günther Döring

hat nach einer Ausbildung zum Schauwerbegestalter
Kommunikationsdesign und Illustration in Hamburg studiert.
Die Natur liegt ihm besonders am Herzen. Wenn er nicht
am Zeichentisch sitzt, unternimmt er gerne ausgedehnte
Wanderungen zu Fuß, mit dem Fahrrad oder dem Paddel-
boot – wobei sein Hund Oskar ihn gerne und oft begleitet.
Hans-Günther Döring lebt mit seiner Familie in einem
kleinen Ort bei Hamburg.

Sachwissen Natur

So leben die Tiere
Der Igel
978-3-401-70948-2

So leben die Tiere
Der Fuchs
978-3-401-70949-9

So leben die Tiere
Das Kaninchen und der Feldhase
978-3-401-71182-9

Jeder Band:
Ab 6 Jahren
Sachwissen Natur
Durchgehend farbig
illustriert
40 Seiten • Gebunden
Format 15,9 x 21,1 cm

Mit Bücherbärfigur
m Lesebändchen

Sehr einfache Textgliederung

Viele farbige Bilder

Große Fibelschrift
und kurze Zeilen

Was dem Igel schmeckt

Der Igel ist ein Fleischfresser.
Mit seiner Schnauze stöbert er
unter Blättern und in der Erde
Regenwürmer und Käfer auf.

Auch Spinnen und Asseln
gehören auf seinen Speiseplan.
Besonders gern
frisst er Ohrwürmer.

Regenwurm

Käfer

Schnecke

Larve

Ohrwurm

Ich bin sehr nützlich.
Denn ich fresse auch Larven
und Schnecken.

20

Innenseite aus »Der Igel«
978-3-401-70948-2

Die Erstleserreihe Sachwissen Natur vermittelt mit einfachen Texten spannendes
Wissen über die heimischen Tiere und ihre Lebensräume: Wie leben die Tiere? Und
welchen Gefahren müssen sie sich stellen? Wie verhalte ich mich, wenn ich ihnen
begegne? Besonders liebevolle und naturgetreue Illustrationen lassen den Leser
eintauchen in die faszinierende Lebenswelt der Tiere.

In Zusammenarbeit mit
westermann

**Spannende Pony-
geschichten**
978-3-401-70906-2

**Lustige Gespenster-
geschichten**
978-3-401-70167-7

**Lustige Dino-
geschichten**
978-3-401-70563-7

Piratengeschichten
978-3-401-70228-5

Jeder Band: Ab 6/7 Jahren • **Kleine Geschichten** • Durchgehend farbig illustriert
48 Seiten • Gebunden • Format 15,9 x 21,1 cm

**Mit Bücherbärfigur
am Lesebändchen
und Fragen zum
Leseverständnis**

Zeilentrennung
nach Sinneinheiten

Sehr einfache Textgliederung für
das erste Lesejahr

Große
Fibelschrift

„Gut, dass du uns gerufen hast",
sagt Sandor.
„Diese Zeichnungen
sind sehr wertvoll für uns.
Sie zeigen uns den Pfad,
den die Mammutherde
nehmen wird."
Und Elgor ergänzt:
„Siehst du das, Rion?
Wenn die Blätter der Bäume
ihre Farbe wechseln,
werden die Mammuts
zum großen Fluss ziehen."

Am Abend sitzen alle
um das Feuer herum
und machen Pläne.
„Wir müssen
ein Mammut erlegen",
sagt Sandor.
„Dann haben
unsere Frauen und Kinder
viele Monde lang
genug zu essen."
„Aber ich kann kein Blut sehen",
sagt der faule Kerk.

Hoher Illustrations-
anteil

Innenseite aus »Mammutjäger-Geschichten«
ISBN 978-3-401-09771-8

Die kurzen Geschichten rund um ein beliebtes Thema sind besonders gut zum
allerersten Selberlesen geeignet. Durch die klare Textgliederung und die vielen
farbigen Illustrationen ist das Lesen ganz leicht.

In Zusammenarbeit mit
westermann

*Eine Geschichte
für Erstleser*

Detektivbüro
Eulenauge – Willi
Watsons erster Fall
978-3-401-70917-8

Mira, Oskar und die
Buchstaben-Magie
978-3-401-71032-7

Das Geheimnis des
Mammut-Amuletts
978-3-401-70947-5

Drei Freunde und das
Geheimnis der
Buchstaben
978-3-401-70604-7

Jeder Band: Ab 6 Jahren • Eine Geschichte für Erstleser • Durchgehend farbig illustriert
56 Seiten • Gebunden • Format 15,9 x 21,1 cm

Mit Bücherbärfigur
m Lesebändchen

Klare Textgliederung

Eine kleine Geschichte in kurzen
Kapiteln für das erste Lesejahr

Große
Fibelschrift

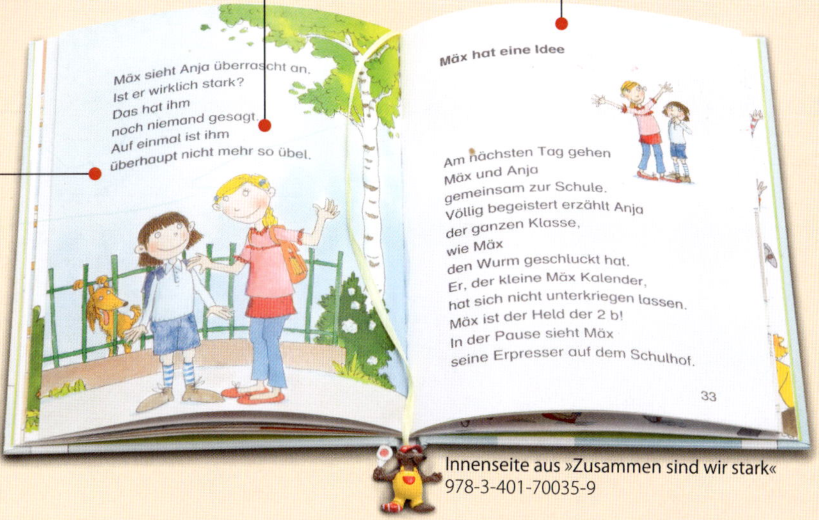

Mäx sieht Anja überrascht an.
Ist er wirklich stark?
Das hat ihm
noch niemand gesagt.
Auf einmal ist ihm
überhaupt nicht mehr so übel.

Mäx hat eine Idee

Am nächsten Tag gehen
Mäx und Anja
gemeinsam zur Schule.
Völlig begeistert erzählt Anja
der ganzen Klasse,
wie Mäx
den Wurm geschluckt hat.
Er, der kleine Mäx Kalender,
hat sich nicht unterkriegen lassen.
Mäx ist der Held der 2 b!
In der Pause sieht Mäx
seine Erpresser auf dem Schulhof.

33

Innenseite aus »Zusammen sind wir stark«
978-3-401-70035-9

Für geübte Leseanfänger ist eine längere durchgehende Geschichte genau
das Richtige! Mit der großen Schrift, den kleinen Kapiteln und den vielen farbigen
Bildern macht das erste Lesen viel Spaß.

In Zusammenarbeit mit
westermann